LES TOUAREGS

Par M. l'abbé Ch. LOYER

Ancien curé de Laghouat, membre de la Société archéologique de Nantes, de la Société centrale
de colonisation, etc., curé de Guercheville (Seine-et-Marne).

PARIS

BENJAMIN DUPRAT

LIBRAIRE DE L'INSTITUT, DE LA BIBLIOTHÈQUE IMPÉRIALE ET DU SÉNAT,

DES SOCIÉTÉS ASIATIQUES DE PARIS, DE LONDRES, DE MADRAS,
DE CALCUTTA, DE SHANG-HAI ET DE LA SOCIÉTÉ ORIENTALE AMÉRICAINE DE NEW-HAVEN (ÉTATS-UNIS ,

Rue du Cloître Saint-Benoît (rue Fontanes), 7
Près le Musée de Cluny.

1863

Couvertures supérieure et inférieure
manquantes

LES TOUAREGS

LES TOUAREGS

SOMMAIRE.

Commencements de nos relations avec les Touaregs. — Origine des Berbères et ce qu'était autrefois ce peuple, auquel appartiennent les Touaregs. — La croix latine chez les Touaregs, dont plusieurs tribus ont déjà professé le christianisme. — Traditions chrétiennes restées chez les Berbères du M'zab ou Mozabites. — Religion des Touaregs actuels, leurs armes, ce qu'on sait de leur gouvernement et de leurs mœurs. — Pourquoi se voilent-ils le visage ? légende qui l'explique. — Espérances légitimes que fait concevoir, pour l'avenir commercial de l'Algérie et pour le christianisme, le traité qu'on va conclure avec les Touaregs. — L'honneur en revient à M. le maréchal Randon.

Au moment où M. le commandant Mircher et M. le capitaine d'état-major de Polignac se mettent en route pour Gha damès, afin de traiter avec les chefs des Touaregs pour le libre passage des caravanes à travers le grand désert, il ne sera peut-être pas sans intérêt de mettre au jour les quelques renseignements que nous sommes parvenus à nous procurer sur les commencements de nos relations avec les Touaregs, et de faire connaître le peu que nous savons sur le peuple singulier qui règne en maître sur le grand Sahara.

Au mois de mai dernier, pendant que les Touaregs étaient à Paris, presque tous les journaux ont publié des articles sur ces personnages, et nous le disons avec regret, nous n'y avons lu que de très-rares vérités mêlées à de nombreuses erreurs. Il ne pouvait guère en être autrement, car les données, même les plus élémentaires, manquaient aux auteurs de ces articles ; mais ce qui ne se conçoit pas, c'est que de tous ceux qui ont parlé en termes magnifiques des riches espérances que faisait concevoir, pour l'avenir commercial de notre colonie, la pensée d'un arrangement avec les Touaregs, aucun n'a songé à nous désigner la main intelligente qui a commencé et conduit jusqu'au point où elle en est aujourd'hui, cette importante négociation. Guidé par le seul amour du droit et de la justice, c'est là une lacune regrettable que nous allons nous efforcer de combler.

L'époque à laquelle remontent nos premières relations avec les Touaregs est déjà assez éloignée de nous. Il faut, en effet, retourner en arrière jusqu'au temps où M. le maréchal Randon, à cette heure ministre de la guerre, était gouverneur général de l'Algérie, pour en retrouver l'origine.

A peine investi de ces hautes et difficiles fonctions, une des pensées qui occupa le plus vivement cet administrateur habile fut de chercher par quels moyens on pouvait rétablir les relations commerciales qui existaient autrefois entre le Soudan et l'Afrique septentrionale. Tous les ans de nombreuses caravanes chargées des produits de l'Afrique centrale, au lieu de se diriger vers nos parages et d'échanger avec nos marchands leurs richesses, prennent leur route du côté du Maroc et de Tunis. C'est là une perte sérieuse pour notre commerce quand on songe que la poudre d'or, l'ivoire et les plumes d'autruche sont exportées en quantités considérables par ces caravanes, sans qu'il soit possible à nos négociants d'en profiter pour écouler leurs produits manufacturés de France. Lorsqu'on sait, d'une part, que la préparation des plumes d'autruche occupe, seulement à Paris, *plusieurs milliers d'ouvriers*[1], et de l'autre, que l'Afrique centrale est peuplée

---

[1] Lettre de M. Chagot aîné, négociant, membre de la commission des va-

d'au moins soixante millions d'habitants, combien n'a-t-on pas lieu de regretter qu'un aussi magnifique marché ne soit pas ouvert à notre industrie !

Un fait aussi important ne pouvait manquer d'appeler l'attention de l'illustre maréchal qui posait, à cette époque, avec une intelligence et un dévoûment que personne ne contestera, les bases des grandeurs futures de l'Algérie. Armé de cette profondeur de vue qui préside aux actes dus à son initiative immédiate et de cette merveilleuse fécondité de ressources qui les sanctionne tous par d'admirables résultats, M. le gouverneur se mit courageusement à l'œuvre, et chose étrange, presque incroyable pour qui connaît les énormes difficultés qu'il avait à vaincre, le voici, après bientôt sept années d'attente, le voici qui touche à son but ! Dieu veuille que ce brillant succès ne soit pas éphémère et qu'il couronne enfin tant de constance par de féconds résultats ! Cette prière doit être le cri de tous les Français, de tous les cœurs chrétiens aussi, car c'est là un événement d'une importance capitale et dont les conséquences peuvent être immenses, nonseulement pour la prospérité matérielle de notre colonie, mais encore pour le christianisme, père de toute vraie civilisation.

Qu'est-ce donc que les Touaregs, dont beaucoup d'entre nous voient, pour la première fois, le nom mêlé aux grandes choses que M. le maréchal Randon a essayé de créer en Algérie?

Les tribus touaregs, dont l'ensemble forme une population d'environ 200,000 âmes, campent dans l'espace compris entre le 0 et le 15° degré de latitude septentrionale de l'Afrique. Peuple nomade et d'humeur essentiellement guerrière, sa position géographique le rend complétement maître des

leurs, au ministère du commerce, à M. le professeur Aug. Duméril, secrétaire des séances de la Société impériale zoologique d'acclimatation, Paris, 6 février 1858, au sujet d'un prix de 2,000 fr. fondé par ledit M. Chagot, pour *domestication de l'autruche soit en France, soit en Algérie, soit au Sénégal*, publié par le *Moniteur de la colonisation* du 3 mars 1858.

routes par lesquelles, venant du nord, les caravanes pénètrent dans le centre de l'Afrique, et, on le devine sans peine, il en profite. Aussi, lors même qu'il ne les dévalise pas entièrement, les droits de passage qu'il impose aux marchands forment-ils le plus clair et le plus précieux de ses revenus [1].

Comment amener les Touaregs, qui n'ont jamais subi le joug de personne, à laisser librement circuler nos voyageurs, négociants ou autres, et de plus, à les protéger au besoin! C'était là une entreprise d'une difficulté extrême, et pourtant il fallait à tout prix la conduire à bien sous peine de voir échouer, dès le début, toutes les tentatives de succès les mieux combinées. Aurait-on pour cela recours à la voie des armes? Mais ici encore se dressait devant nous un obstacle aussi effrayant que terrible! Comment atteindre un ennemi que ses rapides *méharis* [2] rend insaisissable, défendu à la fois par son ciel de feu, l'aridité de son territoire et les espaces sans limites du grand Sahara? On ne lutte pas contre l'impossible; toutes les troupes de l'Algérie y eussent passé sans résultat. M. le maréchal Randon est doué d'un esprit trop sage et trop positif pour rêver à un projet de cette nature, aussi n'y avait-il jamais songé.

Les Touaregs étant inabordables par la force, il ne restait plus, pour les réduire, que la voie, — lente il est vrai, mais beaucoup plus sûre des négociations : — c'était aussi celle que M. le gouverneur avait choisie tout d'abord. Mais de cette façon encore, la difficulté n'était que déplacée et non vaincue, un autre obstacle surgissait : comment, en effet, arriver à nous aboucher avec ces hommes ombrageux, prévenus, fanatiques,

---

[1] Certains voyageurs prétendent que le mot *Touareg* signifie *voleur de nuit*, surnom que les Arabes, qui les redoutent singulièrement, leur auraient donné. Les nègres, qui les fuyaient avec une horreur mêlée d'épouvante, quand ils se rendaient à Alger, au commencement de 1856, les appellent *les voilés*.

[2] Dromadaires de la plus haute taille et coureurs intrépides.

indépendants jusqu'à la sauvagerie, et à qui notre nom n'était parvenu qu'entouré des malédictions et des calomnies[1], grossies de toute la haine des Arabes écrasés par nos armes? Certes, il y avait là de quoi décourager la volonté la plus persévérante et la plus énergique; mais heureusement M. le maréchal Randon n'est pas de ceux que les difficultés rebutent. Intelligemment secondé dans cette tâche délicate par M. Marguerite, commandant supérieur du cercle de Laghouat, et par Si-Hamza, Arabe influent du cercle de Géryville, M. le gouverneur, après bien des tentatives infructueuses, réussit enfin à voir, *à Alger même*[2], événement qui frappa de stupeur toute la population indigène, quatre chefs touaregs importants. C'était au mois de janvier 1856.

Le plus difficile était fait. Accueillis avec la plus extrême bienveillance par M. le maréchal, parfaitement traités durant les quelques jours qu'ils passèrent à Alger, ces hommes qui ne nous connaissaient que par les rapports mensongers des Arabes, virent s'évanouir la plupart de leurs préjugés contre nous, et depuis, grâces sans doute aux bonnes impressions que les premiers ont emportées, d'autres Touaregs n'ont pas craint de s'aventurer de nouveau dans la capitale de notre colonie, et de se laisser entraîner jusque dans la capitale de la France et dans le palais de l'empereur.

---

[1] Les quatre Touaregs venus à Alger, en 1856, avaient eu l'esprit tellement troublé par les calomnies des Arabes qu'ils allaient même jusqu'à redouter *qu'on ne les mangeât. (Presse algérienne* de septembre 1857, n° spécimen.)

[2] En vérité, on ne peut s'empêcher de sourire lorsqu'on lit dans un feuilleton du *Siècle* du 11 juin dernier, outre les monstrueuses inexactitudes dont cet article fourmille, que *les Touaregs viennent dans le Tell échanger leurs laines et leurs plumes d'autruche contre du froment.* On devrait au moins avoir la modestie de ne pas traiter de sujet dont on ignore le premier mot, *car jamais, au grand jamais,* les Touaregs ne viennent dans le Tell faire commerce de laines, par la raison toute simple que leurs moutons *n'ont pas de laine;* que, bien loin de pousser leurs excursions *jusqu'à Alger,* avant le mois de décembre 1855, *on n'en avait même jamais vu à Laghouat, ville située à cent cinquante lieues dans le sud de nos possessions.*

Ainsi, ce magnifique succès, impossible par la force des armes, regardé si longtemps comme chimérique par les esprits même les mieux disposés à y applaudir, — presque sans sacrifices, avec une dignité, une prudence, un tact, une adresse et une constance qui l'honorent, autant qu'ils relèvent aux yeux des Arabes notre pays, M. le maréchal Randon l'a obtenu. — Les Touaregs sont en train de devenir aujourd'hui non pas nos tributaires, mais ce qui est beaucoup plus sûr, nos amis.

Si, comme tout le fait désormais espérer, des caravanes parties d'Alger ou de quelque autre point de notre territoire, pour le centre de l'Afrique, reviennent heureusement de cette course périlleuse et lointaine ; si nos négociants, énergiquement protégés par les Touaregs contre les pirates qui sillonnent le désert, parviennent à échanger avantageusement leurs marchandises contre les produits de l'Afrique centrale, d'autres caravanes, tentées par la certitude d'un débouché facile et de bénéfices considérables, ne tarderont pas à reprendre la route suivie par les premières, et alors une fois le courant rétabli, il ne s'arrêtera plus. Le commerce de l'Algérie en profitera sans doute, mais tout en nous réjouissant de voir ce pays marcher à pas de géant vers une prospérité matérielle inouïe, nous ne pouvons nous empêcher de croire que les desseins, si habilement exécutés de M. le maréchal Randon, amèneront encore un autre résultat, non moins précieux et non moins fécond en conséquences admirables. Oui, nous en avons du moins la ferme espérance, dans un avenir qu'il serait maintenant téméraire de préciser, mais qui ne saurait être très-éloigné de nous, les missionnaires catholiques s'élanceront à la suite de ces caravanes, et, au nom de la civilisation chrétienne, prendront solennellement possession du centre de l'Afrique jusqu'ici fermé aux investigations de la science et aux lumières de l'Évangile : le désert sera leur première étape et les Touaregs leurs premiers néophytes. Ce nouveau résultat, conséquence naturelle et consécration irrévocable du progrès commercial avec les populations centrales de l'Afrique, M. le maréchal Randon aura l'insigne honneur de l'avoir pressenti, et ne partagera avec personne la gloire de l'avoir préparé.

En attendant que Dieu et l'avenir nous donnent raison, nous allons exposer, aussi brièvement que possible, les quelques données que nous sommes parvenus à recueillir sur les Touaregs durant notre séjour dans le sud de l'Algérie. Ces renseignements, quoique bien incomplets, nous paraissent dignes cependant de fixer un moment l'attention des esprits sérieux, et ne laissent pas que de prêter une certaine valeur à l'espérance que nous émettions tout à l'heure, de voir un jour ce peuple étrange devenir, — dirons-nous — REDEVENIR CHRÉTIEN.

Un fait longtemps contesté, mais que de récents travaux scientifiques [1] ont mis hors de doute, c'est qu'ils appartiennent, ainsi que les Kabyles (*Kbeïles*) qui habitent les sommets de l'Atlas, et les Mozabites [2] fixés à l'extrémité méridionale du Sahara algérien, à l'immense famille des Berbères [3].

[1] *Essai de grammaire de la langue kabyle.* — *Mémoire relatif à quelques inscriptions en caractères touaregs, par M. le capitaine Hanoteau, attaché au bureau politique des affaires arabes.* (Voir le rapport de M. Reinaud, membre de l'Institut, sur ces deux ouvrages, dans *le Moniteur universel* du 6 août 1857.)

[2] Les Berbères du sud, connus sous le nom de Mozabites, ne seraient-ils point les descendants de ceux que l'empereur Maximien-Hercule y transporta violemment en 298? et les Touaregs, quoique beaucoup plus avancés vers l'équateur, ne proviendraient-ils pas également de cette émigration forcée?

[3] Les savants se sont livrés à de longues dissertations sur l'origine des Berbères, mais ce problème est loin d'être résolu. De leur côté, les auteurs arabes ont fait à ce sujet beaucoup de conjectures, en général peu satisfaisantes ; seul Léon l'Africain a trouvé à ce nom une étymologie acceptable en le rattachant à la racine *ber* (désert). « Mais, si nous en croyons Karl Ritter, ce mot procéderait d'une origine plus lointaine. Suivant l'illustre géographe de Berlin, les Berbères seraient venus de l'Inde à une époque inconnue, en passant par l'Arabie et l'Égypte. Le savant allemand a retrouvé les traces de cette antique migration, soit dans l'Égypte méridionale,

Ils parlent à peu près la même langue, mais chose digne de remarque, les Kabyles et les Mozabites ont perdu leur écriture et emploient les caractères arabes, tandis que les Touaregs l'ont conservée [1]. De plus, on sait que l'Arabe, comme presque tous les peuples musulmans, n'a pas de lois en dehors du Koran ; le Koran donc doit savoir résoudre toutes les difficultés, soit spirituelles, soit temporelles qui peuvent se présenter, fournir un texte pour juger tous les différends et indiquer un châtiment pour tous les crimes. Eh bien ! les Kabyles, les Mozabites et les Touaregs *seuls*, au milieu des mahométans d'Afrique, possèdent, outre le Koran, un livre de lois, *un code civil*, et chose étrangement significative, le recueil de ces lois qui remontent à des temps très-reculés, porte encore aujourd'hui chez eux le nom de *Canon* (*Kanoun*) ! Enfin, les Kabyles, les Mozabites et les Touaregs, quoique

où habite la tribu des *Barabras*, dont le type rappelle celui des anciens Égyptiens; soit en Arabie, où existe une ville appelée *Berberets ;* soit enfin dans l'Inde, où se tenait autrefois le célèbre marché de Barbarikès, et dont les vieux poëmes en langues sanskrites parlent d'une ration vivant jadis au sud de l'Indou-tan et nommée *Warvara* ou *Barbara.* Une partie de la mer des Indes s'appela longtemps *Sinus Barbaricus.* Enfin, le célèbre voyageur Ibn-Batouta, qui parcourut au XIVe siècle une grande partie de l'Asie et de l'Afrique, signale une coutume singulière, commune aux Berbères et aux Malabars indous, et d'après laquelle le droit d'hérédité se règle d'oncle à neveu et non de père à fils. « (*Correspondant* de février 1862, page 240, M. Lucien Dubois)

[1] La langue berbère, qui est antérieure à la langue punique, paraît avoir été celle des divers peuples aborigènes du nord de l'Afrique. L'inscription bilingue de Tougga, dans la Tunisie, qui a tant exercé les savants, et dont une partie était en caractères numides, offre, avec les inscriptions touaregs qu'on rencontre gravées sur les rochers du désert, une grande ressemblance. (*Nouvelles Annales des voyages*, IV, 1845.) L'inscription de Tougga a permis à M. Jomard de faire un autre rapprochement curieux. On trouva, il y a déjà quelques années, dans l'un des *tumuli*, si nombreux sur les bords de l'Ohio, une pierre sur laquelle était gravée une inscription en langue inconnue. Le célèbre académicien a démontré qu'il existait un rapport à peu près identique entre cinq des caractères de cette inscription et cinq lettres de l'alphabet touareg. (*Mémoires de l'Académie des inscriptions*, XVI, 126.) Les Berbères africains et certaines peuplades d'Amérique auraient-ils une

musulmans[1], ont le plus profond mépris pour l'Arabe, et bien loin de le regarder comme un frère, ils lui témoignent au contraire, lorsqu'ils le peuvent sans danger, une aversion qui va jusqu'à l'horreur. Il fallait entendre les plaintes et les soupirs de rage poussés par la population du Souf[2] à la vue des troupes indigènes mêlées à nos soldats et poursuivant le schérif, après la prise de Tuggurt[3] : « *Qu'il est dur,* disaient ces pauvres gens, *qu'il est dur de voir des Arabes dans notre pays !* »

Celui qui connaît la longue et terrible lutte que les Berbères ont soutenue avant de subir le joug abrutissant du mahométisme[4], les efforts héroïques qu'ils ont tentés pour expulser de l'Afrique ces terribles envahisseurs de leur territoire, celui-là seul comprend la haine vivace, profonde et *justifiée* qu'ils conservent, comme par tradition, à leurs sauvages convertisseurs.

Veut-on savoir ce qu'était ce peuple avant l'invasion musulmane, qu'on lise les historiens arabes, et entre autres, le célèbre Ibn-Khaldoun, si habilement traduit par M. le baron de Slane. Voici le portrait que lui-même en fait :

« Les Berbères, dit-il, ont toujours été un peuple puissant,
« redoutable, brave et nombreux, tels que les Arabes, les
« Perses, les Grecs et les Romains. Citons, ajoute-t-il, les
« vertus qui font honneur à l'homme et qui étaient devenues

origine commune ? est-ce que les Guanches, premiers habitants des îles Canaries et qui parlaient la langue berbère, auraient dans les temps anciens traversé les mers et eu des relations avec le nouveau monde ? — Autant de problèmes à résoudre.

[1] On verra plus loin que les Touaregs ne le sont pas tous.

[2] Pays situé à trois jours de marche au delà de Tuggurt.

[3] A la fin de l'année 1355.

[4] Les Berbères ont apostasié jusqu'à *douze fois* l'islamisme pour retourner à leur ancien culte, et chaque fois ils soutinrent une guerre longue et cruelle contre les musulmans ; ils n'adoptèrent définitivement le mahométisme que sous le gouvernement de Mouza-Ibn-Noceïr, en l'année 104 de l'hégyre, de J.-C. 719. (*Histoire des Berbères*, par Ibn-Khaldoun, traduction de M. le baron de Slane, interprète principal de l'armée d'Afrique, tome Ier, page 28.)

« pour les Berbères une seconde nature : leur empressement
« à s'acquérir des qualités honorables, la noblesse d'âme qui
« les porta au premier rang parmi les nations, les actions par
« lesquelles ils méritèrent les louanges de l'univers, bravoure
« et promptitude à défendre leurs hôtes et leurs clients, fidélité
« aux promesses, aux engagements et aux traités, patience dans
« l'adversité, fermeté dans les grandes afflictions, douceur de
« caractère, indulgence pour les défauts d'autrui, éloignement
« pour la vengeance, bonté pour les malheureux, respect pour
« les vieillards et les hommes religieux, empressement à sou-
« lager les infortunés, industrie, hospitalité, charité, magna-
« nimité, haine de l'oppression, valeur déployée contre les
« empires qui les menaçaient, victoires remportées sur les
« princes de la terre, dévoûment à la cause de Dieu ; voilà
« pour les Berbères, une foule de titres à une haute illustra-
« tion, titres hérités de leurs pères, et dont l'exposition mise
« par écrit aurait pu servir d'exemple aux nations à venir [1]. »

Ne croirait-on pas lire un portrait des chrétiens de la primitive Église ? et pourtant, c'est un Arabe, c'est-à-dire, un
ennemi qui a écrit ces lignes magnifiques !

Voyez maintenant ce que ce peuple est devenu sous l'influence délétère du mahométisme : « .... Mais, étant
« tombée en décadence, continue l'historien Ibn-Khaldoun,
« elle a vu (cette race) sa population décroître, son patrio-
« tisme disparaître et son esprit de corps s'affaiblir au point
« que les diverses peuplades qui la composent sont aujour-
« d'hui devenues sujettes d'autres dynasties et ploient, comme
« des esclaves, sous le fardeau des impôts [2]. »

Les Berbères, nous en avons des témoignages incontestables, étaient ou *chrétiens* ou *juifs*, lors de l'invasion arabe.
Koceïla, vaillant chef berbère qui chassa [3] les mahométans

[1] *Histoire des Berbères*, tome Ier, page 199.
[2] *Ibid.*
[3] *Ibid.*, page 243.

du pays et le gouverna ensuite jusqu'à sa mort, arrivée cinq ans après (de l'hégire, 67 ; de J.-C., 686), Koceïla était chrétien.

Son successeur presque immédiat dans le commandement, la Kahena, cette femme illustre, si grande par son courage et son patriotisme, si belle et si touchante par son cœur de mère, si peu connue et si digne de l'être, cette femme qui battit tant de fois les Arabes et que la trahison d'un fils adoptif ingrat put seul vaincre (de l'hégire, 74 ; de J.-C., 693), l'historien Ibn-Khaldoun dit que, suivant le bruit public, elle était *juive*, mais sans en apporter aucune preuve : la Kahena méritait de naître chrétienne. Du reste, ajoute-t-il, plusieurs tribus Berbères professaient *le judaïsme*, religion qu'ils avaient reçue des Israélites de la Syrie [1].

Chose singulière et qui donne à réfléchir, *la croix latine* est en grand honneur chez les Touaregs, on la retrouve brodée aux quatre coins de leur vastes boucliers, gravée sur presque toutes leurs armes et le pommeau même de la selle de leurs méharis en affecte la forme. D'où leur vient-elle? nous ne savons, et peut-être l'ignorent-ils eux-mêmes. Cependant, du moment qu'il est aujourd'hui victorieusement établi que les Touaregs sont de race berbère, on pourrait répondre que la présence de la croix latine parmi eux est dès lors toute naturelle et s'explique facilement : ils l'auraient conservée comme une tradition de leurs pères chrétiens, tradition, dont sans doute, à cette heure, ils ne connaissent plus l'origine. Mais voici une autre difficulté : les Kabyles et les Mozabites, quoique Berbères et par conséquent, du moins en partie autrefois chrétiens, n'ont cependant conservé aucun des emblèmes du christianisme. Quelle en est la raison? serait-ce parce qu'ils ont été soumis à une influence plus active, plus directe, plus immédiate et plus prolongée du mahométisme que les Touaregs? Nous le croyons, mais nous nous garderons bien de

---

[1] *Histoire des Berbères*, tome Ier, page 208.

faire de cette hypothèse une vérité historique positive [1].

Cette question, quoique d'une importance secondaire, nous paraît cependant assez intéressante pour être étudiée et mériter l'attention des hommes compétents, surtout de M. Berbrugger [2], le savant directeur de la *Revue historique* de l'Algérie.

Nous ferons connaître ici un fait singulier et extrêmement remarquable au point de vue des traditions chrétiennes restées chez les peuples violemment ralliés à l'islam, fait qui se produit encore tous les jours chez les Berbères mozabites.

Au mois de décembre 1856, nous avions l'honneur de raconter le même fait à un haut personnage d'Alger. Voici donc ce que nous lui écrivions, et d'avance nous demandons pardon pour cette longue, mais intéressante citation :

» Si cette lettre ne devait pas dépasser les bornes ordi-
« naires, je vous ferais voir, à cinq jours au delà du pays où
« je suis momentanément fixé, dans la conféderation du M'zab,
« — les prêtres gouvernant le peuple comme au temps de la
« primitive Église, *la confession publique* en vigueur et le
« chef de la prière, faisant du haut de la chaire, descendre
« *le pardon* sur le pécheur repentant qui s'accuse au milieu
« de ses frères ; tristes vestiges d'un christianisme évanoui,
« — mais qui peut revivre !

« Pourtant, je ne puis résister au désir de vous exposer,
« aussi brièvement que possible, ce qui donne lieu à l'é-
« trange cérémonie de la *confession* et de l'*absolution* pu-

---

[1] Ce qui nous confirme encore dans la pensée que certaines tribus touaregs ont été autrefois chrétiennes, c'est que les Arabes, en parlant d'eux, leur appliquent l'épithète flétrissante de *chrétiens du désert*. De plus, le célèbre voyageur Barth, en traversant le pays des Touaregs-Tgama qui habitent entre l'Aïr et le Damerghou, apprit d'une façon positive que cette tribu avait professé le christianisme avant d'être entraînée violemment au mahométisme. La contrée qu'elle occupe porte encore le nom d'*Arroumet*, c'est-à-dire *pays des chrétiens*. (Tome Ier, page 293.)

[2] Auteur d'un grand nombre d'ouvrages et de dissertations historiques remarquables sur l'Algérie.

« blique, chez les Mozabites, et de quelle manière elle se
« pratique.

« Vous le savez, presque tous les hommes de cette confé-
« dération se livrent au négoce. Forcés par les exigences de
« leur commerce de sortir de leur pays, chaque année ils se
« répandent en grand nombre, non-seulement dans les villes
« du littoral, mais encore avec les juifs, ils sont à peu près
« les seuls marchands qu'on rencontre dans les ksours de
« l'intérieur où les Français n'ont pas formé d'établissement
« fixe. Mais dans leurs pérégrinations, quelque part qu'ils
« aillent, leurs marabouts ne les perdent pas de vue et se font
« exactement renseigner sur leurs faits et gestes par quelques
« dévots fanatiques.

« Veuillez me permettre une courte explication.

« Généralement on croit que l'Arabe ne saurait se passer de
« fumer, que dans cette occupation qui peut avoir un charme
« que je n'apprécie pas, se passe la moitié de sa vie, et que
« si par hasard, il vient à manquer de pipe ou de tabac, il est
« aussi malheureux qu'un cavalier démonté. Que de fois n'ai-je
« pas entendu dire, et à des personnes qui se piquent de les
« connaître : *L'Arabe ne marche jamais sans sa pipe !* C'est là
« une erreur aussi grosse que cette figure de rhétorique à effet,
« — *le lion du désert,* — où il n'y a jamais eu de lions. Il y
« a plus, c'est que l'Arabe qui a contracté l'habitude de *boire*[1]
« le tabac, est un Arabe dégénéré, c'est un homme qui ha-
« bite la ville ou qui a des rapports fréquents avec les infi-
« dèles, les chrétiens et les juifs. Mais *le véritable Arabe,*
« le pasteur, celui qui vit sous la tente, en dehors, pour
« ainsi dire, de notre influence et à l'abri du contact de
« nos mœurs, celui-là, non-seulement ne fume pas habi-
« tuellement, mais encore il regarde comme une tache,
« une imperfection, l'usage de la pipe, et comme *un*
« *crime* égal à celui de s'enivrer le malheur d'aspirer le

---

[1] En arabe, on dit boire le tabac, le kif, le hachich.

« kif [1]; l'indigène qui en use est déshonoré dans l'estime
« de ses coreligionnaires. Ils poussent à cet égard la sus-
« ceptibilité si loin, qu'un marabout qui commettrait la faute
« énorme de fumer, même une seule fois, en public, serait
« à jamais perdu, et dont les amulettes n'auraient plus au-
« cune valeur [2].

« Or, les Mozabites, qui, comme peuple, se placent infini-
« ment au-dessus des Arabes, qu'ils méprisent, pour mieux
« prouver encore leur orgueilleuse supériorité sur l'indigène,
« affectent, dans la pratique des observances de la loi reli-
« gieuse, une sévérité qui va jusqu'à la rudesse. Ainsi, par
« exemple, l'Arabe fume parfois, prend volontiers et plu-
« sieurs fois par jour, quand il le peut, du café, etc. ; le
« Mozabite, musulman plus austère, au moins dans sa vie
« publique, ne doit se permettre aucune de ces délicatesses,
« sous peine de péché (*h'arem*). Appelé par ses affaires loin
« des villes de la confédération, un Mozabite, que la distance
« qui le sépare de son pays et de ses marabouts rend plus
« audacieux ou moins vigilant, s'émancipe quelquefois, au
« grand scandale de ses frères plus réservés ; on le voit, sans
« vergogne, se dédommager des longues privations imposées
« par la crainte à ses penchants vicieux, fumer voluptueu-
« sement d'interminables pipes et absorber des torrents de
« café. Horreur ! souvent même il mélange de kif son tabac
« et boit du vin maudit !... Mais c'est en vain qu'il donne
« des coups de pied à la loi et qu'il s'insurge contre des pres-
« criptions qui lui sont devenues odieuses, ce fils du diable
« n'échappera point au châtiment : le marabout l'attend au
« retour, et alors, gare au prévaricateur !

« Je l'ai déjà dit : le marabout est exactement informé

---

[1] Feuilles de chanvre qui, employées comme le tabac, abrutissent aussi sûrement que l'opium.

[2] Si un prêtre catholique avait l'habitude de fumer, il devrait éviter avec le plus grand soin de le faire en présence des Arabes du sud, sous peine de perdre le magnifique prestige attaché à son nom et à sa personne.

« par ses fidèles des fautes commises en dehors de sa juri-
« diction par quelque *paroissien* peu scrupuleux, et il en
« prend note.

« Ses marchandises écoulées, sa provision de grain faite,
« car on n'en récolte pas dans le pays, le Mozabite traverse
« de nouveau le Sahara algérien et rentre, pour un temps, au
« sein de sa famille. A peine a-t-il quitté les parages où il
« exerçait son commerce, que ses mauvaises habitudes ces-
« sent comme par enchantement : plus de tabac, plus de
« café, plus de joyeux propos, plus de criminelles folies; il
« est subitement redevenu le musulman sévère des anciens
« jours, c'est-à-dire grave comme une statue, impassible
« comme le marbre, et froid en apparence comme le destin.
« Il fait régulièrement ses ablutions, personne ne prononce
« avec une componction plus attendrissante le nom vénéré
« d'Allah, et le premier, à l'heure de la prière, il marche
« recueilli vers la mosquée; enfin, il a toutes les allures d'un
« petit saint. Qu'il joue là un rôle hypocrite, ce qui est
« probable, ou qu'il soit sincèrement converti, ce qui est
« bien chanceux, le zèle ardent qu'il déploie ne le sauvera
« pas. Le marabout, qui connaît son monde, se montre
« en général fort peu sensible à toutes ces démonstra-
« tions. Cet homme a péché, et son péché mérite une pu-
« nition : voilà la loi, peu lui importe le reste, il fera son
« devoir.

« Le cri du *mouzzen* [1] a retenti au-dessus de la ville; tous
« les vrais croyants répondant à son appel sont réunis dans
« la nef de la mosquée et vont commencer le *sallih*, la
« prière. Mais l'œil perçant du marabout qui la préside a
« bien vite découvert le Mozabite coupable perdu dans la
« foule de ses frères, et pour lui l'heure de la justice a
« sonné. D'une voix tonnante, le prêtre l'interpelle : « *Un*

[1] Celui qui convoque, du haut du minaret de chaque mosquée, les musulmans à la prière.

« tel, s'écrie-t-il, *tu n'es pas digne de prier avec les autres,*
« *va-t'en !* »

« En d'autres termes, n'est-ce pas la parole de saint Paul
« aux fidèles de Corinthe : « *Tollatur de medio vestrum qui*
« *hoc opus fecit* [1] ? »

« Le Mozabite, foudroyé par ces mots terribles, s'arrache
« lentement du milieu de ses frères silencieux et va se pla-
« cer, dans la plus humble posture, contre un des piliers de
« la nef. Il ne se plaint pas, ne murmure pas : c'est la loi, et
« il s'y soumet. D'ailleurs, s'il essayait de s'y soustraire, il
« sait bien qu'il causerait un effroyable scandale et que tous
« les hommes de l'assemblée se réuniraient à ses proches
« pour le maudire.

« La prière commence ensuite, et tandis que ses coreli-
« gionnaires chantent ou récitent avec le flegme qui les dis-
« tingue les formules du livre sacré, l'excommunié, honteu-
« sement relégué près de son pilier, invoque, en poussant de
« lamentables gémissements, la miséricorde de son juge :
« *Pardon ! pardon ! (Smah'li !)* Mais le marabout fait la
« sourde oreille. Et cinq fois par jour [2], quelquefois durant
« trois semaines, plus ou moins, suivant la gravité de sa
« faute, le pénitent continue ainsi sans succès à jeter le
« même cri.

« Enfin, lorsque le prêtre trouve que l'expiation a été
« assez longue, que le coupable, ramené à de meilleurs sen-
« timents par cette humiliation publique, ne recommencera
« plus, il feint alors de l'entendre pour la première fois, et
« l'interpellant directement : « Que demandes-tu ? dit-il.
« — Je demande le pardon, répond le Mozabite. — Pour-
« quoi ? reprend le marabout. — Parce que j'ai péché. —
« Qu'as-tu fait ? »

[1] Que celui qui a commis cette action soit retranché du milieu de vous.
Corinth., v, 2.)
[2] Les mahométans se rendent cinq fois par jour à la prière.

« Voici le moment de la confession.

« J'ai fumé du tabac ou du kif, répond humblement le
« coupable; j'ai pris du café, j'ai bu du vin, j'ai mangé de
« la cuisine des infidèles, etc., etc. Il s'accuse enfin de toutes
« les fautes extérieures qui passent pour graves dans l'esprit
« de ces rigides musulmans, et il termine par son cri habi-
« tuel : Pardon !

« Le marabout se recueille un instant, puis, d'une voix
« imposante et solennelle, il prononce la formule d'*absolu-
« tion : — Je te pardonne*, dit-il... *et que Dieu te pardonne!*

« Ainsi se termine la pénitence du coupable. A partir de
« ce moment, il reprend sa place au milieu de ses frères et
« peut désormais prier avec eux. »

Quelque étranges et singuliers que paraissent ces faits,
nous en garantissons l'exactitude ; il nous serait facile de
nommer les Mozabites qui nous les ont racontés, sans savoir
à quel titre ils pouvaient nous intéresser, et seulement *per
modum conversationis.*

Nous ne craignons pas d'affirmer que la vie des Arabes et
des Berbères qui habitent le Sahara algérien est aujourd'hui
encore presque aussi peu connue dans ses détails intimes
qu'aux premiers temps de notre conquête. M. F. Hugonnet,
dans ses *Souvenirs d'un chef de bureau arabe* [1], production
extrêmement remarquable, a soulevé une partie du voile qui
nous les dérobe; mais qui le déchirera tout entier? Il y a là
un beau livre à faire; mais qui l'écrira?

Nous voici loin de notre point de départ, qu'on nous le
pardonne; mais en parlant des Mozabites nous ne sommes
pas sorti de la famille des Touaregs, qui sont aussi des Berbères.

Tous les Touaregs ne sont pas musulmans, ainsi que nous
l'avons déjà dit en note; mais les recherches que nous avons
faites et les efforts que nous nous sommes imposés pour ob-

[1] Édition Lévy.

tenir des renseignements à peu près exacts sur le culte que professent ceux qui ne sont pas encore *convertis* à l'islam, ont été jusqu'à ce jour complétement infructueux. Nous savons seulement qu'ils font usage d'une prière qui a les rapports les plus frappants avec l'*Oraison dominicale* ou *Notre Père* [1].

Au mois d'août 1855, un marabout arabe qui arrivait de Timbectou me fut amené. Je l'interrogeai sur les Touaregs [2], et voici en abrégé la conversation que nous eûmes ensemble :

« Pour revenir de Timbectou, tu as dû passer par le pays des Touareg ?

— Oui, Sidi (Monsieur ou Seigneur), j'ai vu les Touaregs, et même je me suis reposé quelques jours sous leurs tentes.

— Lorsqu'ils adressent des prières à Dieu, le font-ils de la même manière que toi?

— Non, Sidi, il y en a qui sont mécréants (*kouffar*).

— Et comment ceux-là prient-ils?

— Ah! Sidi, je parle avec la vérité, je suis ton enfant, tu es mon père : ils ne quittent point leurs souliers, ne font point d'ablutions, ne se tournent point vers la Mecque et ne se prosternent point, — absolument comme des fils de Satan (*beni Chitan*).

— Connais-tu les paroles qu'ils prononcent en priant?

— Pardonne-moi, non, *par la tête de ton père* [3], je ne le sais pas. »

Les détails dans lesquels il entra ensuite nous firent voir que les habitudes des Touaregs sont beaucoup plus décentes que celles des peuples qui les entourent. Ainsi, chez eux, les iniquités dont il est parlé au Lévitique et dans l'Épître de saint Paul aux Romains, sont à peu près inconnues, et si

---

[1] Nous tenons ce fait curieux de M. Ch. Geslin, le seul Français, alors en Afrique, qui sût parler le touareg.

[2] C'est lui qui nous a raconté la singulière légende qui va suivre

[3] Jurement arabe fort usité dans la conversation.

d'aventure elles se produisent, les coupables sont punis de mort. C'était la loi des Juifs, *morte moriatur;* c'était aussi celle de la primitive Église.

Au mois de décembre de la même année, quatre Touaregs passaient dans le lieu où j'habitais alors, et se rendaient à Alger sous la garde de Si Hamza, chef arabe le plus influent du sud de l'Algérie. J'allai les voir, mais sans profit, car l'un d'entre eux, le seul qui sût l'arabe, évita avec soin de répondre à mes questions sur la religion de ses compatriotes. Je m'adressai alors à Si Hamza, qui me dit : « Il y a des Touaregs qui sont musulmans, mais il y en a d'autres qui sont *comme les Espagnols* (*l'aokhin kif Esbanioul*). — Qu'entends-tu par ces mots : *comme les Espagnols?* lui demandai-je ensuite. — Comme ça (*hakda*), me répondit-il. »

Il devenait évident pour moi qu'il ne se souciait pas de m'en dire davantage. Je cessai donc de le questionner, car lorsqu'un Arabe a entrepris de garder le silence, il est aussi difficile de l'amener à desserrer les dents que de faire boire un âne qui n'a pas soif. Le plus sage est d'y renoncer.

Une chose qui étonne et sépare complétement les Touaregs de tous les hommes connus jusqu'ici, c'est qu'ils ont la figure constamment couverte *d'un voile* de couleur sombre, ordinairement d'un bleu tirant sur le noir, voile qu'ils ne quittent jamais [1], le soulevant un peu seulement pour manger.

Le costume des Touaregs est tellement compliqué qu'il est à peu près impossible d'en faire une description exacte qui soit supportable. Nous dirons seulement que leur manière de se vêtir est beaucoup plus convenable que celle des Arabes du sud, qui se contentent de se couvrir habituellement d'une *gandoura,* sorte de longue chemise de coton, sans porter le

---

[1] Les Touaregs que j'ai vus ont cependant consenti, et après de vives instances, à se dévoiler en ma présence; mais pour arriver à jouir de cette insigne faveur, il me fallut faire sonner bien haut mes titres et qualités! Ce sont de beaux hommes forts et vigoureux, étrangement basanés, avec de grands yeux noirs qui brillent comme des flammes.

seroual, pantalon, sinon pour monter à cheval; tandis que les Touaregs croiraient manquer aux bienséances s'ils se montraient quelque part sans cette partie de l'habillement qu'on ne nomme pas en Angleterre. Chez eux les femmes sont aussi vêtues d'une façon très-décente, mais, contre l'usage des pays musulmans, elles sortent sans être voilées.

Un de ces fiers habitants du désert, partant pour une expédition, offre vraiment quelque chose de formidable. Voyez-le monté sur un rapide méhari qui dévore l'espace; il emporte avec lui tout un matériel d'armes terribles, et dont il se sert avec une adresse qui tient du prodige. Aperçoit-il son adversaire? prompt comme la foudre, il saisit son arc, et d'une main vigoureuse lui décoche des flèches, la plupart empoisonnées; si elles atteignent leur but, elles ne sortiront plus de la blessure qu'elles ont faite qu'en déchirant affreusement la chair, car la pointe en est barbelée! Son carquois est-il épuisé? il prend son javelot et le lance avec une force inouïe[1]!... Cependant il avance, il avance toujours à l'abri de son vaste bouclier rectangulaire, et enfin, il joint son ennemi, qu'il essaye de frapper avec sa longue et redoutable lance. Celle-ci vient-elle à se briser dans le choc? scn épée lui reste, en forme de latte longue et forte qui tranche des deux côtés. Perd-il son épée dans la lutte? il a encore son crochet armé de dents pour saisir son adversaire, et une sorte de fléau à l'extrémité duquel se balance une boule de fer pour lui casser la tête! Enfin, est-il démonté, son fidèle méhari[2], blessé dans le combat, a-t-il mordu la poussière? le Touareg à pied est loin d'être vaincu! il tient en réserve un poignard, fixé par un bracelet à son bras gauche, sa dernière ressource, avec lequel, souple et agile comme la panthère, il défend

---

[1] Pour donner plus de détente à ses muscles, dans le combat, le Targui (singulier de Touaregs) porte au-dessous de la saignée du bras droit un anneau de pierre.

[2] Les légendes du désert racontent les traits les plus merveilleux de la sagacité et du dévoûment de ces précieux animaux.

chèrement sa vie ou donne à son ennemi le coup suprême. Le fusil n'est pour lui qu'une arme de luxe, les riches seuls en sont pourvus, et encore le plus souvent ne peuvent-ils s'en servir, faute de poudre.

Jusqu'à présent, on ne sait que fort peu de chose, et encore rien de bien positif sur les lois, les mœurs, la religion, les coutumes et les traditions qui règlent le gouvernement intérieur de leurs tribus; mais ce que nous sommes parvenu à apprendre de la manière de vivre des Touaregs, de la noblesse et de la fierté de leurs sentiments, de la pureté relative de leurs mœurs et de la haute philosophie qui brille dans leurs légendes, nous permet de croire que le magnifique portrait des anciens Berbères, tracé par Ibn-Khaldoun, pourrait encore, à certains égards, s'appliquer aujourd'hui à leurs descendants du grand Sahara.

Chez les Touaregs, le noble seul a des droits politiques; mais ils reconnaissent au serf le privilége de posséder des biens de toute nature et d'en disposer comme il l'entend, à la seule condition de payer à ceux dont il relève un droit annuel fixé par l'usage. Au reste, comme sous le régime de la féodalité, il est lui-même regardé comme une propriété qu'on peut vendre, échanger ou léguer en héritage.

Le noble Targui, comme autrefois le gentilhomme français, ne peut, sans déroger, se livrer à aucun travail manuel; sa seule occupation est la guerre, la chasse, ou la discussion, dans l'assemblée, des intérêts de la tribu. Parmi les serfs, les forgerons qui réparent les armes, et les vétérinaires qui prennent soin des animaux malades, jouissent d'une considération qui les place immédiatement après la noblesse. Chez les Arabes, ces hommes utiles sont entourés des mêmes égards et sont toujours épargnés par les vainqueurs de la guerre [1].

Les Touaregs appartiennent à la race blanche et se gar-

---

[1] *Les Chevaux du Sahara*, par M. le général Daumas, page 160.

dent bien, ceux du nord surtout, de toute alliance avec les noirs. Ils sont en général grands, minces, agiles, adroits à tous les exercices qui demandent de la souplesse et de la force, et d'une sobriété telle qu'ils peuvent, comme leurs chameaux, supporter plusieurs jours de privation absolue. Ils se serrent alors progressivement le ventre avec une ceinture de cuir. Ils ont le front large, les yeux admirablement beaux, la poitrine bien développée, et, comme toutes les races méridionales, les pieds et les mains de formes parfaites.

Ils n'épousent qu'une seule femme, qui vit avec eux sur un pied de complète égalité. On prétend même qu'elles sont plus lettrées que les hommes, ce qui s'explique facilement par leur vie plus sédentaire. Il n'est pas rare d'en rencontrer qui jouissent dans leur tribu d'une véritable influence, et dont la voix a une grande autorité dans le conseil.

Lorsque dans la tribu, ou fraction de tribu, il n'y a pas de kadi, ce sont les chefs de famille qui rendent la justice et maintiennent l'ordre dans le pays; en temps ordinaire, les crimes y sont rares.

Les Touaregs vivent presque constamment de laitage, rarement ils y ajoutent de la viande séchée au soleil [1], du biscuit, du poisson et du beurre.

Le plus grand nombre des tribus touaregs sont nomades et passent une partie de leur vie à escorter les caravanes qui se rendent des marchés d'Insalah, de Ghadamès, de Rhât et Mourzouk dans le Soudan. On prétend qu'on peut se fier en toute assurance à la parole d'un chef influent, après avoir

---

[1] Les Berbères de la confédération de M'zab, qui ne possèdent pas ou presque pas de troupeaux, renferment des chiens dans des silos, où ils les engraissent avec des dattes et les tuent en guise de moutons. Aussi les Arabes, qui les détestent et à qui ils le rendent avec usure, les appellent-ils, par mépris, *mangeurs de chiens*. Nous ne savons si les Touaregs ont le même usage. C'est là une question que nous n'avons jamais osé leur adresser; mais si nous l'eussions faite à un Arabe, il n'eût pas manqué de nous répondre affirmativement.

acquitté entre ses mains un prix convenu, et relativement peu élevé, soit en argent, soit en marchandises.

Il est vivement à désirer que les belles espérances de M. le maréchal Randon se réalisent, car outre les avantages matériels que l'Algérie en retirerait, les caravanes nous procureraient, sans aucun doute, des données plus précises sur ce peuple si intéressant à étudier, et déjà, par ce que nous savons, si digne d'être mieux connu!

En terminant, nous allons rapporter une légende telle que nous l'avons recueillie, légende originale que personne, que nous sachions, n'a publiée avant nous [1], qui explique à sa manière et d'une pittoresque façon : *Pourquoi les Touaregs se voilent le visage.*

« Salomon se promenant un jour, et il y a longtemps, dans un pays qu'on ne nomme pas, perdit l'anneau qu'il portait au doigt, anneau magique, source du pouvoir qu'il exerçait sur la multitude des génies qui peuplent l'immensité. Un manant, un homme de rien le trouva, et l'ayant par hasard passé à son doigt, se vit par là même, et à son profond étonnement, investi de toute l'autorité dont jouissait Salomon sur les puissances occultes. Avec la puissance, de coupables pensées d'ambition et d'orgueil ne tardèrent pas à brûler dans le cœur de cet homme. Pour son malheur et sa ruine, il y succomba. Il s'empara donc des États du fils de David, s'assit sur son trône, et, monstruosité digne de Satan, déshonora la couche royale!

« Pendant ce temps-là, Salomon, dépouillé de tout prestige et de toute grandeur, vivait inconnu, oublié, pauvre et méprisé dans sa capitale, où naguère il commandait en maître.... Mais Dieu a en aversion l'iniquité, et tôt ou tard il laisse tomber le châtiment sur la tête de l'impie. La Provi-

[1] Cette légende a déjà été publiée une fois par nous dans *la Presse algérienne* du 1er octobre 1857.

dence permit que, après une foule de vicissitudes, Salomon rentrât en possession de son anneau merveilleux, et avec lui de toute sa puissance et de toute sa gloire. Par son ordre, l'usurpateur maudit fut mis à mort, mais ensuite une grande discussion s'éleva dans le conseil. On le sait, ce fils de damné avait déshonoré la couche royale : que faire des enfants qui allaient devoir la vie à ce crime énorme [1]? subiraient-ils le sort de leur père ou leur laisserait-on la vie? Les sentiments étaient partagés, le plus grand nombre opinait pour la mort, lorsque le roi, avec sa sagesse ordinaire, trancha la difficulté :
« Dieu est grand, dit-il, et il a horreur du sang inutilement
« versé. Ces enfants vivront donc, mais au moment de leur
« naissance, et afin qu'ils soient exclus à jamais du trône où
« le rang de leur mère pourrait leur donner quelque droit de
« prétendre, on leur coupera le nez ; ainsi ils seront distin-
« gués des autres et reconnus partout pour les fils d'un
« grand coupable. »

« Cette sentence fut rigoureusement exécutée.

« En grandissant, ces enfants comprirent la honte attachée à leur visage ; alors, en signe de deuil et pour cacher leur difformité, ils se couvrirent la figure *d'un voile sombre* et se dispersèrent ensuite par le monde, où ils trouvèrent successivement la mort. L'un d'eux arrivé au milieu des plaines sablonneuses de l'Afrique, loin des hommes qui l'avaient connu et de tout ce qui pouvait lui rappeler son infortune, y planta sa tente, s'y choisit une compagne *et fut le père des Touaregs.* »

C'est donc en mémoire de leur premier ancêtre que, encore aujourd'hui, les Touaregs se tiennent constamment la face voilée.

Sur quel fond de vérité repose cette bizarre légende? Nous

---

[1] On devine que dans tout ce passage nous ne traduisons pas exactement les expressions arabes, fort belles comme énergie, mais d'une crudité inouïe pour des oreilles françaises.

avouons notre complète ignorance à cet égard, mais nous sommes porté à lui attribuer une origine arabe, à cause précisément de ce qu'elle renferme d'odieux et d'humiliant pour les Touaregs. En général les Arabes s'entendent parfaitement et se montrent très-habiles à ridiculiser les peuples qui les avoisinent, surtout quand ils sont, comme les Touaregs, en perpétuel antagonisme avec eux. On ferait des volumes si l'on voulait s'amuser à recueillir toutes les histoires incroyables, saugrenues, toujours malveillantes, inventées par les indigènes, pour appeler le sarcasme, le mépris et la haine sur la tête des Français.

Quoique les renseignements que nous venons de donner soient plus précis et plus détaillés que ceux qui ont été publiés jusqu'à ce jour sur les Touaregs, nous n'osons pas affirmer cependant comme d'incontestables vérités tout ce que nous avons écrit sur leur compte dans cet humble article. Ce que nous avons vu de nos propres yeux, nous le garantissons; mais nous faisons de prudentes réserves touchant ce qui nous a été seulement raconté par des témoins dont la bouche à pu nous tromper.

Grâce aux constants efforts de M. le maréchal Randon, l'obscurité qui enveloppe encore la vie et les mœurs de ce peuple ne tardera sans doute pas à se dissiper, et l'intérêt qui s'attache à son culte et à ses traditions à être pleinement satisfait. Si l'œuvre des caravanes commence et se continue, si la grande route de l'Afrique centrale s'ouvre désormais sans obstacle devant les pèlerins de la science et les hardis pionniers du commerce, le nom de M. le comte Randon, déjà si cher aux Algériens[1], vivra éternellement dans leur mémoire entouré d'une auréole de reconnaissance et de respect! En devenant l'arbitre du Sahara, il aura réalisé une conquête

[1] « Nous n'avons aucune restriction à mettre au nom de l'Église d'Afrique, à l'éloge que fait de M. le maréchal Randon la co'onie, en le plaçant toujours, dans sa reconnaissance, à côté du maréchal Bugeaud. » (*Correspondant* de mars 1862 : *la Nouvelle Église d'Afrique*, par M. l'abbé Marty, page 570.)

plus difficile, à un autre point de vue, plus glorieuse et non moins féconde en magnifiques promesses que celles de la Kabylie! Pour humilier les hauteurs inaccessibles du Djur-jura, il ne fallait que de l'audace et des bras dévoués; pour vaincre les farouches enfants du désert, une patience active, une prudence de vieillard et une sagesse consommée étaient nécessaires; pour dompter les Kabyles, un général intrépide, un matériel de guerre formidable et des soldats éprouvés; pour réduire les Touaregs et les amener à servir sous le noble drapeau de la France, la volonté intelligente d'un seul homme!

Paris. — Imprimerie de W. REMQUET, GOUPY ET Cie, rue Garancière, 5.